호밀의 노래

26

호밀의 노래

차옥혜

현대시학 기획시인선

차옥혜

1984년《한국문학》으로 등단.
시집『깊고 먼 그 이름』『허공에서 싹 트다』
『식물 글자로 시를 쓴다』『말의 순례자』외 9권.
경희문학상, 경기펜문학대상, 산림문학상, 현대시인상 수상.

okhye09@naver.com
https://okhye.tistory.com

⁑ 시인의 말

열네 번째 시집, 내 영혼의 꽃밭엔 눈물과 아픔이 서려 있다.

코로나19에 기후 재앙까지 겹쳐 곳곳에서 심각한 타격을 입고 있다.

가을밭에 모처럼 호밀을 심었다. 호밀이 뿜어내는 강렬한 푸른 생명력은 내게 희망과 꿈을 꾸게 한다

풀잎 같은 초록 사람들이 힘을 모으면, 재난은 극복되고 평화롭고도 건강한 새날을 회복하리라. 내 영혼의 꽃 시도 활짝 웃으리라.

2022년 봄날에 차옥혜

차례

2부 지구의 어머니 우주의 탄식

3부 눈물 전염

4부 이제야 발바닥을 들여다보다

5부 불타는 화살나무

⁂ 해설

1부
봄 호밀

가을 호밀 새싹

시월 따사로운 햇볕에 싹터
하늬바람에 볼 부비다

발, 손, 입이 없어
길을 스스로 정할 수 없는
우리는 캄캄한 포대 속에서
빵이 될까 새 생명이 될까
얼마나 두려움에 떨며 가슴 졸였나

싹트다 숨 쉬다 보다
행운이다 축복이다 기쁘다

수만 친구들과 함께 반짝이는
우리 세상 푸른 호밀밭

구름, 꽃, 새, 감, 대추, 늙은 호박, 배추

무, 파, 서리태, 갓, 쪽파, 만수국, 백일홍
둘레둘레하니 신기하다 즐겁다
갈바람에 춤추는 단풍잎 어여쁘다

가슴이 자꾸만 부풀어
대지를 박차고
날아오를 듯 날아오를 듯

겨울 호밀

세상은 만만치 않아라
소슬바람 지나
찬바람 높바람 휘몰아쳐
땅은 꽁꽁 얼어
뿌리를 옴짝달싹 못하게 하더니
폭설이 온몸 덮친다
벌써 죽어야 하는가
가을에 겨우 태어났는데
겁에 질려 눈 감았다가
정신 차려 보니 몸은 여전히 푸르다
여리고 가냘픈 잎이
어디서 힘 받는가

눈 감옥 여기저기
호밀들 있는 듯 없는 듯
미세한 푸른 핏줄로 서로서로 깨워

온기 나누며 지키고 있구나
혹독한 겨울을
함께 견디며 맞서 이기고 있구나
장하여라 우리 겨울 호밀밭

봄 호밀

봄이다
샛바람 분다
살았다 견뎌내었다 이겼다

가을에 눈떠 멋모르고 우쭐대다
폭설에 덮여 얼음에 갇혀 죽음과 싸우며
혹독한 겨울을 통과한 자만이 느끼는
환희의 깊이와 높이를
봄날에 싹터 꽃샘추위에 벌벌 떠는 새순이
매화, 산수유, 수선화가
어찌 헤아릴 수 있으랴

겨우내 떨며 움츠리고 얼면서도
끝내 푸른빛 잃지 않은 작은 몸이
신기하고 대견하며 자랑스러워
제 이름 부르며 소리 없이 운다

제 어여쁨 소리죽여 노래한다
괜찮아 괜찮아 그래도 좋아
봄날의 특권 아니냐
스스로 다독이며 힘 모은다

봄볕이 보약이다
겨우내 못 자란 키가
으쓱 솟는다
하늘까지 가보자
꿈꾸자 희망 품자

주변을 둘러보니 호밀 친구들의
상기된 눈빛 부푼 가슴
겨울을 함께 이긴 호밀들이
봄바람에 남풍에
샛바람에 꽃바람에

모두 함께 춤춘다

봄이다 봄날이다

호밀 만세

사월 초 호밀 노래

호밀 바다가 파도친다
나날이 힘차게 하늘로 치솟는
우리들의 푸른 행진 장엄하다
다른 식물들은 이제야 새싹이 돋는데
우리는 벌써 키가 석 자나 자라
바람에 물결친다 장관이다
내가 호밀인 것이 자랑스럽다
호밀 나라를 위하여
해, 달, 별이 뜨고 진다
초록 잎새 반짝이며
뿌듯한 삶을 노래하고 있는
나는 지금
무지무지 행복하며 기쁘다
바람의 사다리를 타고 하늘까지 가려니
어머니 대지가 푼수 짓 하면 죽는다고
들뜬 나를 꽉 부여잡고 다독인다

비록 선 채로 한 발짝도 못 내딛지만

이만한 축복도 어디냐

나 호밀 호밀 나라

비록 선 자리에서만이라도

푸르게 푸르게 춤춘다

이삭 맺은 호밀

보아라
잎새 사이로 솟아 맺힌 이삭
자랑스럽다 어여쁘다
겨우 사월 중순인데
대추나무 감나무 배롱나무
아직도 잠자고 있는데
줄줄이 솟아 춤추는 이삭이라니
우리 호밀 잎새들은
우리들의 깃발이며 목숨이고 영혼인
이삭을 우러르며 뽐낸다
오월 이삭이 여물면 타작하여
우리 호밀의 몸은 씨앗과 헤어져
지푸라기가 되겠지만
우리 호밀의 마음은 씨앗에 담겨
함께 영원으로 가는 기차를 타리
한 생을 잘 마무리한 우리 호밀은

뿌듯한 가슴 당당한 눈빛으로
생명의 송가를 씨앗에 새기며
종착역에 내려 또 한 생을 예비하리
장하다 아름답다
이삭 맺은 나여, 우리 호밀 나라여

풋거름이 된 호밀

지구가 더워진 탓에 빨리 이삭 맺자
농부는 풋거름 갈아 밭을 쉬게 해
내년부터 풍작 거두려고
우리 호밀밭을
이제 막 4월 하순에 접어들었는데
서둘러 예초기로 잘라 눕혔다
잘 익은 씨앗으로 영생하려던
우리의 꿈이 깨져버렸다
그러나 우리는 절망하지 않는다
삶이 어디 뜻대로만 되든가
희망의 끈으로 마음 칭칭 감아
몸은 쓰러졌어도 마음 꼿꼿이 세워
비 맞고 햇빛에 삭아 푹푹 잘 썩어
내년에 뿌려질 어떤 씨앗에든 스며들어
세세연년 세상 푸르게 하리라
뭇 생명 먹이고 살리리라

생명의 순환 열차를 타고
희망이 밀고 가는 세계! 지구!

암, 나는, 우리는 영원히 꿈꾸며
언제나 희망에 사는 호밀 풋거름

오월, 죽은 호밀밭 다시 살아나다

"정신 차려, 눈 떠, 시간 없어"
바짝 잘려 풋거름이 되고 남은
말라가는 호밀 밑둥치 우리를
만물의 어머니 대지가 깨운다
"어서 나에게서 물을 빨아들여
서둘러 다시 싹 틔워라
여문 씨앗을 남기지 못하면
식물 나라 삶이 아니니다"
만물의 어머니 대지와 뿌리의 닦달로
풋거름을 만들기 위하여 잘린
우리 호밀 밑둥치에서 일주일 만에
새싹이 다시 솟았다
쑥쑥 자라 보름 만에 맺은 이삭이
바람에 반짝이며 흔들린다
우리에게 이런 힘이 남아 있었다니
스스로 신비하고 감격스럽다

만물의 어머니 대지를 사랑하며

만물의 아버지 하늘을 우러르며

뒤늦게 잘 익는 씨앗 품고

두 번 사는 우리 호밀은

한껏 가슴 부풀어 행복하다 기쁘다

예쁜 새싹

죽은 줄 알고 있던
모란, 할미꽃, 산마늘이
살아 돌아왔다
작년 가뭄과 더위를 못 이겨
가을도 되기 전 사그라져버려
눈물방울 뚝뚝 떨어졌는데
이른 봄 솟는 새싹
반갑고 기뻐서 손뼉 치다
김매주며 벙글거리는데
떨어지는 눈물방울
좋아서 흐르는 눈물
새싹도 내가 반가워 우는 듯
살아 돌아온 새싹
예쁘고 예뻐라

상사화 꽃과 잎새

꽃이 그리워
채 녹지도 않은 땅을 뚫고 돋은
상사화 새싹이
꽃샘추위에 떨면서도
무성한 잎새로 자라
꽃이 올 길을 닦으며
고개 빼고 기다리며
열심히 봄빛을 끌어모아
꽃의 양식을 뿌리에 쌓더니
꽃을 못 본 채
기진하여 쓰러지면서도
꽃이 올 주변 잡초들
제 몸으로 덮으며 사그라졌다

여름날 꽃대 솟아 핀 눈부신 꽃

꽃은

잎새의 존재와 사랑을 알기나 할까?

흙에 대한 예의

노약자는 한낮에
밖에 나가지 말라는
폭염 주의보 아랑곳없이
땀 뚝뚝 흘리며 밭매는
팔순 농부 할머니
몸 움직일 때까지는
제 몸 아낌없이 내던져
흙에 땀 흘려주는 것이
평생 먹여 살려준
흙에 대한 예의며 보답이라는
팔순 농부 할머니
밭매면 시원하다고 환하게 웃는
흙의 얼굴이 좋아
찌릿찌릿 불타는 손끝에서
마주치는 흙의 사랑이 좋아
한여름 뙤약볕에서

땀 하염없이 흩뿌리는

팔순 농부 할머니

소나무를 바라보며

늘 푸른 소나무도 낙엽이 지지만
언제나 초록빛 우아한 모습인 것은
겨울에도 벌거숭이 안 되는 것은
솔잎들의 간절한 사랑 때문이다

봄에 솟은 새순은
푸른 솔잎으로 자라 겨울까지 견디고
다음 봄에 나온 새순이
푸른 솔잎이 되어
우듬지에서 반짝이기 시작하면
그제야 안심하고 소리 없이 진다
두 살 이상 된 솔잎만 떠난다

소나무는 외롭지 않아 행복해서
나날이 더욱 아름답게 빛나
나무 가운데 으뜸 나무가 된다

나는

천년 소나무를 꿈꾸는가

솔잎을 꿈꾸는가

사막에 꽃 피다

오래오래 죽은 듯 없는 듯
기다리고 기다리던 씨앗이
기적처럼 쏟아진 장대비에
홍수 지나가자마자 발아하여
단 며칠 만에 꽃 피다

사막에 꽃 피다

사막에 핀 꽃은
낮엔 타는 햇빛을 들이마시고
밤엔 달빛과 별빛에 꿈을 매달며
어느 날 다시 꽃이 될
씨앗을 서둘러 맺는다
미래를 준비한다
영원으로 가는 길을 닦는다

2부
지구의 어머니 우주의 탄식

나의 기도

세상 모든 꽃
다치지 않고 꺾이지 않고
온전히 피고 또 피기를

세상 모든 풀잎 나뭇잎
맑은 햇빛에 반짝이며
신선한 실바람에 나부끼기를

세상 모든 냇물
막히지 않고 썩지 않고
즐겁게 노래하며 흐르기를

세상 모든 새 나비
제멋대로 훨훨 춤추며
푸른 하늘에 꿈 새기기를

세상 모든 다람쥐 토끼 산양
겁 없이 마음껏 숲속 누비며
새끼 기르기를

세상 모든 생명이 자연이
빛이 되어
서로서로 길 밝혀주기를

지구의 어머니 우주의 탄식

광대한 내 품 안 무수한 자식 중에서
가장 생명이 넘치고 아름답던
지구가 지르는 비명
어처구니없는 지구의 아수라장

가물어 불타는 숲과 마을
말라버린 호수와 냇물 바닥에
악어, 물고기, 짐승 떼의 백골들
홍수 져 물에 잠긴 도시, 폭설에 묻힌 도시
빙하 녹아 바다에 잠겨가는 나라

코로나19 감염병 2년 넘도록 세계를 휩쓸어
변이바이러스 거듭 생기고 돌파 감염 확산으로
무수한 사람들 시달리며 죽고

토네이도, 지진으로 박살 난 마을

무너진 건물더미에 깔려 울부짖는 사람들
화산 터져 용암과 화산재에 쫓기는 사람들
화산재 덮어쓴 마을과 들

전쟁, 분쟁, 재난으로
굶주린 사람들은 먹을 것 찾아가다가
바다에 빠져 죽고 국경에 막혀 얼어 죽고

사람이 사람에게 총을 쏘아대고

우주 관광 로켓을 쏘아
핵무기 만들고 미사일을 발사해
공장 굴뚝, 비행기, 자동차, 선박 늘려
탄소를 뿜어대며
숲 마구 파헤쳐 병균을 늘리고
농약 마구 뿌려 벌 떼 죽어 곡식 생산 줄이며

바다도 대지도 쓰레기로 덮어가는

지구 사람들

아비규환 지구를 살릴 열쇠를 가진 자도

지구 사람들 자신뿐인데

뜨거워진 지구의 운명 촉박한데

개망초꽃

백일홍, 원추리, 참나리, 장미
수국, 접시꽃, 범부채, 우단동자
한창인 초여름 꽃밭 틈 사이 솟아 핀
개망초꽃
뽑아내려 다가오는 호미든 손

안돼 제발 나를 그냥 내버려 둬
내가 잡초꽃이라고? 보기 싫다고?
나도 하늘이 보내준 국화과에 속하는
노란 씨방을 품은 하얀 꽃이잖아
나 때문에 꽃밭 품위가 떨어진다고?

장애인 요양소가 이사 온다는 건물에
장애인들 이사 못 오게
제멋대로 폴리스라인을 치고
건물 옆에 천막 짓고 몰려 앉아
지키고 있는 건장한 주민들

목숨마다 피어라 밥꽃

유과를 '밥꽃'이라 이름 붙인
선물 받고
'밥꽃'이라는 이름에 빠져
밥꽃 밥꽃 밥꽃 자꾸 부르니
밥꽃이
우리 집에 내 마음에
무더기로 피어
환하다 따뜻하다

매일 먹는 밥도 밥꽃
육이오전쟁 때 다섯 살 내가
애타게 부르던 밥꽃
평생 나를 꽃피운 밥꽃

밥꽃이
짓고 이루는 세상

세상천지 목숨마다 피어라 밥꽃

피어라 피어라 피어라 밥꽃

눈부시게 피어라 밥꽃

카나리아가 운다

탄광 속 카나리아가 운다
일산화탄소가 차서 숨 막힌다며
빨리 갱도 밖으로 나가야 산다고
카나리아가 운다

지구 여기저기서 카나리아가 운다
이산화탄소가 증가하여
지구가 죽어간다고
카나리아가 운다

덥다 냉방기 돌려
춥다 불 때
물건 만든다 공장 돌려
일하러 간다 자동차 굴려
무역한다 배 띄워 비행기 날려
농지 넓힌다 숲 태워

점점 지구 더워져

산불 번져 빙하 녹아

장대비 쏟아져 홍수에 마을 휩쓸려

감염병 돌아 사람들 무더기로 쓰러져

몸부림쳐도 몸부림쳐도

살길 안 보여

카나리아가 운다 카나리아가 운다

위험한 호주의 야생 낙타

다섯 달이나 호주의 아름다운
산과 들이 계속 불타
야생 동물들, 나무들, 집들 잿더미 되고
사람도 소방대원도 희생되었다
지구의 온난화 탓에
45도가 넘는 폭염과 가뭄으로
건조해진 기후에 불길은 점점 거세져
물 부족 사태 심각한데
호주 전역 100만 마리 야생 낙타들이
물을 너무 많이 먹어대고
물을 찾아 수도관을 부수고
사람 집까지 들어와
사람이 위험해져서
당국에서 낙타 1만 마리를
5일 동안 없애기로 결정했다
아름다운 자연과 동물 사랑하는

호주가 재앙에 손들었다

아무렴, 사람이 우선하지 생각하면서도

총 맞아 쓰러질 낙타들 어른거려

눈 못 뜨겠다

돌매화나무

"살려 줘요 살려 줘요
더는 갈 곳 없어요"

한라산 정상 부근 북향 암벽에
하얀 꽃송이 송이송이
6월 하늘 우러르며
온 마음 다한 간절한 몸짓으로
소리 없이 지르는 비명

높은 산의 거센 바람 견디려
키를 낮추고 낮추며 움츠리고 산
세계에서 가장 작은 꼬마 나무

빙하시대부터 고산지대 찾아
간신히 목숨 부쳐왔건만
이제는 기온이 1도만 더 오르면

한반도에서 유일한 마지막 서식지인
한라산 정상 북향 바위 절벽에서마저
사라질 수밖에 없는 돌매화나무
어쩔거나

죽은 주목 하얀 뼈의 묵시록

살아서도 천년, 죽어서도 천년
아름다움 자랑하는 주목이
홍보석 같은 몸 어찌하고
한라산 고산지대에서
백골로 나뒹굴다

눈이 오지 않은 겨울 탓이냐
뜨겁고 건조한 봄 탓이냐
목이 말라 목이 타서
뿌리는 얼마나 땅속 후비며
문드러졌을까

세상이 뿜어대는 이산화탄소로
지구가 열이 나서
나와 우리 아이들
쓰러질 날 오고 있나

죽은 주목 널브러진 하얀 뼈의

묵시록 무서워라

지구가 불타고 있다

러시아 시베리아, 북미, 이태리, 터키
그리스, 키프로스, 핀란드, 남미, 아프리카
2021년 여름 지구 곳곳이 불타고 있다

지구 점점 뜨거워져
북극 얼음 점점 사라져
해마다 여름이면 자연발화 산불 나
홍수 나 감염병 휩쓸어
사람들 집을 잃고 아프며 죽고 죽는
악순환 고리 무엇으로 끊어낼까?

이 모두가 나와 당신이
오랫동안 잘 못 살아온 탓
그래도 해결사는 나와 당신뿐
한 줌의 맑은 공기 위하여
지구의 멸망 막기 위하여

하루하루 탄소와 쓰레기 줄이고
불탄 땅에 나무 심고 꽃 피우며
끝내 희망을 노래하는 길밖에

코로나19의 하소연

인류여
제발 우리를 고향으로 보내주십시오
다시 빙하 속에 잠들고 싶습니다
다시 숲속으로 돌아가고 싶습니다
당신들이 빙하를 녹이고 숲을 없애버려
무생물 단백질 껍질이던 우리는
터전을 잃고 떠돌다
당신들 숨결에 흘러드니
저절로 감염병 바이러스가 되어
사상 초유의 놀랍고 무서운 속도와 숫자로
당신들을 감염시키고 죽게 하여
세계를 공포의 도가니로 몰아넣었습니다
결코 우리가 원한 일이 아닙니다
우리도 마음이 아프고 미안하고 두렵습니다
우리들의 어쩔 수 없고 어처구니없는 행진을
멈추게 할 능력은

오직 당신들에게 있습니다
백신으로 우리를 일시 멈추게 할지라도
빨리 탄소를 줄여
지구의 온도를 훨씬 더 낮추고
숲을 지구 표면에 다섯 배 이상 늘리지 않으면
우리는 이름을 바꾸어 거듭 오게 되고
결국 지구는 멸망할 것입니다
인류여
어서 우리를 고향으로 보내주십시오

코로나19 사라지는 날 오면

우리나라와 세계 사람들
코로나19 백신접종 모두 끝내
모두 모두 면역력 생겨 확진자 없어
코로나19 변종 바이러스까지
깨끗이 사라져버린 날 오면
지구는 다시 태어나 원년이 되리
감염병에 갇혔던 사람들 쏟아져나와
거리마다 광장마다 숲마다 들마다
나비 되어 새 되어 활활 날아
하늘에 꿈 그리리
꽃잎마다 잎새마다 희망 새기리

혼자만의 자유와 힘으로는
막아낼 수 없는 감염병
나의 사랑 너의 사랑 모여야만
막아낼 수 있는 감염병

혹독한 감염병 전쟁에서 승리한 인류는
사랑으로 결집하여 손에 손잡고
친환경 생활 솔선수범하며
탄소 발생 주범 화력발전소 따위 없애고
맑은 대체 에너지 만들어
지구를 기후 위기에서 구하고 지켜
생명이 넘치는 지구를
후손 대대로 물려주리

오라 어서 오라 그날이여
인류가 모두 지구의 참 부모가 되는 날
위태로운 지구가 새아기로 거듭나는 날

늦가을 한밤 오는 비

거센 빗줄기 뚫고
젖은 낙엽 밟으며
누가 오고 있는가
누가 내 창문 두드리는가
누가 문 열어주지 않아도
내 마음에 들어와 흐느끼는가
나는 내 가슴 부여잡고
왜 내 베개를 적시는가

세상 어둠에 가득 찬
신음 소리, 탄식 소리
숨 멎는 소리, 통곡 소리
비 소리 비 소리 비 소리
아파라 아파라 아파라
번개 치고 천둥 우는
늦가을 한밤

비로 오는 사람

가엾어 가엾어 가엾어

속수무책 가슴만 무너져

3부
눈물 전염

눈물전염 1
— 중국

코로나19 통제 대응을 위하여 중국 우루무치 신장의과대학에서 우한으로 긴급 파견된 한 젊은 의료진이 부인의 이마를 맞대고 작별 인사를 하는데, 남편의 눈을 차마 마주 보지 못한 부인의 눈가에 맺힌 눈물방울

봉쇄된 우한의 환자들을 돌보려 사스 때도 최전선에서 환자들 보살핀 84세 중국의 국민 의사가 밤 기차를 타고 간다

우한에서 코로나바이러스 감염증의 존재와 위험성을 최초로 말했다가 유언비어 유포 혐의로 정부의 탄압을 받은 34살 의사 리원량이 환자를 돌보다 감염되어 죽기 전 남긴 유서

"가야 할 시간, 배웅하는 이 없이/ 눈가에 눈송이만 떨어진다/ 온 힘을 다했어도 등불을 켜지 못했다/ 연약한 인간에게 기적은 일어나지 않았다/ 서약서 한 장에 나의 기개는 죽었다/ 내 묘지명은/ '그는 세상의 모든 이를 위해 말했다'/ 이 한마디로 충분하다"

눈물전염 2
— 대구

대구에 코로나19 확진자 수천 명 발생, 의료진과 병상이 모자라자 자원하여 몰려가는 의료진 중엔 결혼 1년차 간호원, 정년을 앞둔 보건대학원 교수

전남 광주시 등에선 병상과 치료를 제공, 의료용품, 성금, 위로 편지를 보내는 사람들이 밀려들고, 의료진과 자원봉사자들에게 여기저기서 갈비탕, 백숙, 비빔밥을, 진도군 주민들은 농사지은 봄동을, 인천의 어느 외식기업에선 도시락 1만 개를 보내고

전국 곳곳에서 부족한 마스크를 손수 만들어 홀몸노인과 장애인 가정에 배포하는 사람들, 마스크 공장에 가서 일손을 돕는 사람들

창원 음식물처리장 직원 13명은 쓰레기 대란을 막기 위해 확진자가 나오지 않을 때까지 감염으로 일 못 하는 일 없도록 스스로 고립되어 회사 좁은 합숙소에서 먹고 자며 일하고……

눈물전염 3
— 홍수

구로동 코로나19 감염자 콜센터 직원은 인천에서 출근하며 몸이 아파도 결근 못 하고 업무량이 많아 화장실도 제때 못 가며 일해도 생활비가 모자라 퇴근 후 녹즙을 배달

코로나19 사회적 거리두기로 음식점, 옷가게, 노점상들이 문을 닫고, 평소보다 두 배로 많아진 물량에 시달리던 한 택배기사는 엘리베이터 없는 5층 빌라 계단을 오르고 내리다 쓰러져 영영 눈 못 뜨고

공장 비행기 멈추고, 학교 호텔 등이 쉬자, 쏟아지는 실직자들

이른 새벽 며칠째 인력시장에 나왔다 허탕 치고 빈손으로 돌아가는 날품팔이 가장의 발걸음

낮은 곳부터 휩쓸고 가는 감염병 홍수

눈물전염 4
— 서울동부구치소

서울동부구치소 고층 쇠창살 틈 사이로

"살려주세요"

소리를 지르며 연두색 세수수건을 흔들다가 손을 흔들다가

"살려주세요, 보건복지부, 확진자 한 방에 8명"

까만 글씨로 쓴 흰 도화지 피켓 흔드는 칼바람에 얼은 듯한 불긋불긋한 손

같은 구치소 독방에 권력남용 뇌물죄로 수감된 한 전직 대통령은 코로나19 음성이라도 바로 병원으로 이송되어 입원

수감자 반수 가까이 1200여 명이나 확진된, 밀집 밀접 밀폐된 배양 감옥에서, 너무나 다급하여 기물 훼손죄 처벌 무릅쓰고 쇠창살 안 방충망 뜯어내다 다쳤는지 모를 불긋불긋한 손에 흔들리는 피켓

"살려주세요"

눈물전염 5

— 절벽

1년 넘었어도 코로나19 확산세 계속

설날 요양병원에 계시는 어머니를 찾아온 50대 청소노동자 아주머니가 면회 못 하자 건물 밖 땅바닥에 비닐돗자리를 깔고 건물 안 병실 보이지 않는 어머니를 향해 세배

임종이 임박한 환자 귀에 대고 방호복을 입은 간호사가 연결해주는 전화기로 마지막 말을 속삭이는 병실 유리창 밖 가족

죽은 남편의 시체를 싣고 화장터로 가는 차를 길에 서서 울며 배웅하는 부인

해산이 임박한 산모가 이 병원 저 병원 찾아다녔으나 열이 있다는 이유로 입원 못 하고 사산

눈물전염 6

— 봄물 들었으나

햇볕 따스한 봄날 마스크를 쓰고
개나리와 벚꽃이 내려다보는 들에서
고요를 깨도 부서지지 않는
새들의 노랫소리 들으며 거둔
산마늘 여린 잎에
갓 솟은 부추, 데친 원추리 새싹
풋마늘 함께 넣은 쌈
민들레 나물무침, 된장 쑥국
몸에 봄을 들이니
코로나19로 움츠린 몸
화들짝 깨어나 봄 물들어
온몸에 새싹 돋는 듯 꽃이 핀 듯
기쁨에 두 손 번쩍 들어
봄 만세를 부르려는데
갑자기 흐르는 눈물
코로나19로 떠난 그 사람 떠올라
모처럼 봄물 든 내 몸
그만 다시 겨울

눈물전염 7
— 인도

2021년 5월 5일 인도 코로나19 확진자 38만여 명, 사망자 3천5백여 명, 실제로는 이 통계보다 더 많을 거라는 뉴스

완전 의료서비스 마비, 병원에 산소호흡기 턱없이 모자라 병원 앞길에서 집에서 의사 한 번 못 보고 죽는 환자들, 암시장 산소호흡기값 천정부지로 뛰고, 인도 정부는 경제가 마비될까 봐 거리두기 망설여

세계 여러 나라가 도움 주기로 했다지만 의료 가뭄 여전, 즐비한 화장터 시체 타는 연기와 악취 진동, 화장할 돈조차 없어 내다 버린 시체들 강물에 하염없이 떠내려가고

눈물전염 8

— 의지할 곳은 내 나라뿐

코로나19 최초 발생지 중국 우한이 봉쇄되자, 우리 정부는 중국과 교섭하여, 구하기 힘든 방역의 일등품인 마스크를 비행기에 잔뜩 싣고 가 선물하고, 우리 교민들을 실어와 안전하게 격리 보호한 후 집으로 보내고, 확진자는 무료로 병원에서 완치될 때까지 돌보며, 코로나19 도가니 유럽, 남미, 인도 등지에서 귀국할 비행기 편이 없어 발 동동거리는 교민들 실어 오고

국내 코로나19 확진자도 격리 치료하며, 사망자를 유족들 대신 뒤처리하고, 백신을 어렵게 구해와 노약자들부터 접종하는 중앙정부, 지방자치단체 공무원, 의료진, 자원봉사자들

감염병 파도 앞에서 의지할 곳은 국민을 끌어안고 항해하는 내 나라뿐

눈물전염 9
— 백신 지적재산권

코로나19 대유행 막기 위한 백신 공급 불평등 해소하기 위하여, 세계 전직 국가 정상과 노벨상 수상자 175명이 미국 대통령에게 코로나19 백신 특허권 행사를 한시적으로 중단하라는 공개 편지 보냄

망설이던 미국이 변이바이러스까지 퍼져 전 세계 확진자와 사망자가 급증하는 2021년 5월 6일
"지적재산권을 면제한다"
고 드디어 선언

그러나 독일 총리 메르켈이
"지적 재산권은 혁신의 원천으로 미래에도 유지돼야 한다"
며 반대
프랑스 대통령은
"유럽은 백신 보유량의 50%를 가난한 나라에 보냈다. 미국은 먼저 쌓아놓은 백신 수출 금지부터 풀어라"

말하며 반대

"원료가 부족한 상태에서 특허권만 풀면 좋은 백신을 생산할 수 없고 혼란만 키운다"

고 백신 생산하는 화이저 회사 회장도 반대

코로나19가 세계를 해일처럼 덮치는데 산 넘어 산

세계 식량 기업들이 가격 유지를 위해 남아도는 식량을 굶주리는 사람들에게 주지 않고 내다 버리듯 백신도 그럴까 그럴까

눈물전염 10
— 백신 2차 접종을 마치니

2021년 6월 29일 오후 코로나19 백신 2차 접종을 마치니 안도의 한숨이 터진다 우리 정부, 의료진, 국민에게 고마운 마음 노인이라서 먼저 백신을 맞아 아직 못 맞은 모든 분에게 미안한 마음

접종 일을 미리 알려주고, 접종 일주일 전과 하루 전날 문자 보내 상기해주며, 접종하러 가니 친절하게 안내하고, 접종 후 주의사항 챙겨주며, 접종 삼 일 후 별일 없나 점검

나라가 이처럼 피부에 닿고 가슴 깊이 스미기는 처음

나라 없이는 내 날개만으로 날 수 없는 세상

눈물전염 11

— 코로나19 끝이 안 보여

코로나19 나타난 지 세 번째 겨울인데, 2차 백신접종만 하면 안심일 줄 알았는데, 3차 접종자까지도 감염된다는 몇 배 강력한 변종 바이러스 오미크론이 백신 생산국에서 백신을 공급받지 못한 아프리카 가난한 나라에서 발생하여 전 세계로 확산

초기방역에 성공한 우리나라도 이제는 엄청난 확진자들 매일 늘어나 중환자들로 병실은 만원, 중증 확진자를 태운 구급차가 입원할 병원이 없어 거리를 떠돌고, 병원 진료 못 받고 죽은 환자들도 속출

눈 내린 거리는 얼고 찬바람은 휘날려 공포로 가득 찬 코로나 터널은 끝이 안 보여

여기가 세상인가 어디인가

코로나19 섬 깨져

잠시 천둥이 치는 듯한 소리
잠잠하다 다시 요란한 소리
살펴보니 창틀과 방충망 사이에 갇힌
매미가 탈출하려 몸부림친 소리
작은 몸과 날개로 어떻게 그렇게
큰 소리를 낼 수 있을까
막상 창문을 열어주니
기운이 빠져 날아가지도 못해
물을 살짝 뿌려주니 날아간다

매미처럼 나도
온 힘을 다하여 몸부림치면
내 목숨의 진동으로
나를 가둔 코로나19 섬 깨져
마스크 없는 자유 세상으로
훨훨 되돌아갈 수 있을까

4부

이제야 발바닥을 들여다보다

눈보라가 휘몰아쳐도

눈보라가 휘몰아쳐
우산이 뒤집혀 눈 못 떠도
그리움을 찾아
웅크린 몸으로 비척거리며
한없이 길을 가고 있는
님이여

눈보라가 휘몰아쳐
온몸이 시리고 떨려도
희망을 찾아
언 발을 끌며
끝없이 길을 가고 있는
님이여

님은 지금 눈보라 속에 핀
꽃 사람 꽃

끝내 그리움을 희망을

못 만날지라도

님은 분명 승리자

절망을 견디며 이겨 핀 꽃

가랑잎과 지푸라기의 꿈

이거리 저거리 굴러다니다가
사람들 발길이나 자동차 바퀴에
으스러지기 전
가랑잎 우리 함께 모여
밥을 짓고 국을 끓이고
냉방을 달구는 불이 되었으면

눈보라에 흩날리다가
쓰레기 되어 썩기 전
지푸라기 우리 함께 모여
새끼줄, 가마니, 맷방석, 망태기
초가지붕으로 거듭났으면

가랑잎 나와 너 함께
지푸라기 나와 너 같이
노숙하는 분들

잠시라도 언 몸 녹여주는
작은 모닥불 되었다가
겨울 건너 겨울 건너
꽃샘추위에 떠는 새싹들
시린 뿌리 덮어주는
재가 되었으면

이제야 발바닥을 들여다보다

오른쪽 뒤 허벅지가 느닷없이 기막히게 아파서, 뼈 병원에서 다리와 척추 엑스레이 촬영해도 이상이 없어 진통 소염제 처방받아 먹었으나 통증은 점점 심해져 한밤 집안을 서성대는데 발바닥을 가시가 찌르는 것 같아 실내화를 들여다보고 양말을 뒤집어 봐도 아무것도 없어 아픈 발 딛고 집안일 하며 연휴 끝나 뼈 병원에 다시 가려던 전날 발바닥 우연히 만지니 우둘투둘 잡히는 것 있어 들여다보니 불그레한 발진들, 피부과 병원에서 대상포진으로 판명

애초 발바닥이 신호를 보냈는데도 나는 왜 거들떠보지도 않고 한사코 무시하며 허벅지와 장딴지만 감싸고 어루만졌을까? 평생 대접 못 받고 제일 밑바닥에서 아파도 걸으라면 걷고 변함없이 나를 떠받친 발바닥

이제야 나를 살아 있게 한 수고 많은 내 발바닥 들여다보며 미안해하다가 문득 세상 밑바닥에서 사람살이 떠받치는 분

들 떠올린다 코로나19 감염병 대 유행으로 일선에서 봉사하는 공무원들 의료진들, 일 년 넘도록 세 어린 자녀들 못 보았다는 중환자실 간호사, 안전장치 없이 산업현장에서 일하다 죽거나 다친 노동자들, 지하 하수도 치우다 독가스로 질식한 분, 손발이 닳도록 사람들의 먹거리를 키우고 기르는 분들, 헤아릴 수 없는 발바닥의 수고와 눈물 없이는 나도 세상도 없음이여

이제라도 내 발바닥에 세상 발바닥에
꽃을 안겨야 하리
해를 달아줘야 하리

지구가 위험하다

인류가 쏟아낸 탄소로
지구의 몸이 뜨거워져
세계 곳곳에 홍수, 산불, 폭설 터지고
빙하가 녹아 해수면이 점점 높아져
해안 도시들 사라질 위기에 처하고
개발한다며 숲을 마구 파헤쳐
갈 데 없는 바이러스가 사람들 덮쳐
코로나19가 세계를 휩쓸어
엄청난 사람이 죽고 기아에 허덕이며
삶의 양극화는 더 극심해지고
사람들이 버린 쓰레기 더미에 지구는 병들어
물고기들 새들 플라스틱 조각 먹고 죽는다

청소년들이 어른들에게
맑은 공기, 신선한 바람, 깨끗한 물
건강한 땅과 바다, 무성하고 씽씽한 숲

청정한 미래를 물려달라고
애타게 외쳐대는 소리

당장 지금부터 세계 모든 사람
탄소와 쓰레기 줄이기, 분리수거
일회용품 안 쓰기 실천하며
함께 사는 길 열지 않으면
세계는 결국 사라지리
지구는 블랙홀에 빠져버리리

장미의 가시

장미를
그냥 그렇게 반짝이게 하여라
그냥 그대로
바람에 흔들리게 두어라

장미가 어여쁘다고
장미를 꺾는 순간
가시에 찔린 그 사람
장미가 불온하다고
장미를 뿌리까지 뽑아
불을 지르다

장미의 가시는
장미의 자존심, 방패, 지킴이
정당방위
장미는 자신을 받쳐 주는

땅에 감사하며

자신과 보이는 모두를 사랑했을 뿐

오직 제 존재만으로

세상을 아름답게 했을 뿐

민들레 씨앗은 봄날이 두렵다

민들레 씨앗은 봄날
솜털 같은 갓털을 쓰고
바람에 실려 허공을 떠돌다
길에 떨어져 구르고 구르다
사람 발길, 자동차 바퀴에 짓밟히고
길섶 풀 더미에 엉겨 붙거나
하수도, 시궁창, 냇물에 빠진다

민들레 씨앗 하나 어쩌다
“좋은 곳에 가서 자리 잡고 잘 살아라”
애타며 손 흔들던 엄마에게 돌아왔다

“에그 내게로 다시 오면 죽어”
“엄마 내 뜻이 아니어요
세상은 만원, 뿌리 내릴 땅이 안 보여요”
“그래도 바람 불면 다시 날아야 돼”

"곳곳에 민들레 씨앗들의 시체가 쌓여 있어요"
"그래도 자리 잡고 싹튼 민들레 씨앗도 있잖아
자, 바람이 분다 어서 다시 날아 날아가"

민들레 씨앗은 갓털을 팔락이며
다시 하늘로 날아오른다
엄마의 얼굴에 눈물을 뿌리며
바람에 몸을 맡기고
눈을 감아버린다

손발과 두뇌 노동은 톱니바퀴

둥굴 둥굴 톱니바퀴
돈다 돈다
노래하며 잘도 돌아
세상천지 활짝 핀 사람 꽃들 웃음소리

곡식을 기르고 추수하며 음식 만드는
옷을 만들고 빨며 널고 말려 다림질하는
쓰레기 치우며 집 짓고 도로 만드는
막힌 하수도와 변기 뚫고
밧줄에 매달려
빌딩 도장작업 하며 유리창 닦는
대장간 불덩이 앞에서 연장 만드는
짐 나르며 아픈 사람 돌보는…
힘들어도 참고 견디며 안간힘 써
세상 떠받치는 손발 노동 없이
두뇌 노동 존재할 수 있으랴

세계 육대주 어디든지
손발과 두뇌 노동 똑같이 사랑받아
톱니바퀴 맞물려 반짝이며 돌고 돌아
사람 가슴에 날개 솟아

손발 노동의 헐값 노임, 푸대접, 편견에
세상 톱니바퀴 삐걱대고 어긋나면
세상 안녕 깨져 골골 그늘 깊어져

돈다 돈다 톱니바퀴
얼싸안고 흥겹게 잘도 돌아
서로서로 존중하고 아끼며 배려하니
절로 신명 나고 즐거운 세상 열려

청계천의 십자가, 영원한 횃불

"근로기준법을 지켜라
노동자는 기계가 아니다"
외치며 유명무실한 근로기준법 책 들고
스물두 살 젊음 불사른 전태일 열사는
청계천의 십자가
이 나라 노동자들 지키고 일깨우는
영원한 횃불

50여 년 전, 청계천 평화시장 봉제공장에 보조원으로 취직하여 재봉사가 된 전태일은, 90퍼센트가 여성인 이만여 명 노동자들 중에 40퍼센트인 13세에서 17세 어린 소녀 보조원들이 다락방 형광등 밑에서 하루 14시간 먼지를 들이마시며 일하다 폐질환에 걸리는 게 안타깝고 안쓰러워, 백 볼트 전등 한 개 더 켜달라고, 신선한 바람이 흘러드는 창문 하나 달아달라고, 일요일엔 쉬게 하고 정확한 건강진단을 해달라고, 70원에서 100원인 일당으로는 기진맥진 배고파 죽겠으니 반

절만 더 올려달라고, 업주에게 하소연하고 노동청에 진정하며 대통령에게 편지를 써도 묵묵부답 마이동풍, 마침내 말썽꾸러기라고 공장에서 쫓겨났으나 가엾은 어린 노동자들 못 잊어 다시 돌아와

자신의 몸에 불을 지펴 어두운 세상 밝혔다

전태일 열사는
언제 어디서나 이 나라 노동자들 마음에 살아
힘과 용기를 주는
청계천의 십자가
영원한 횃불

일하다가 죽지 않을 권리

여기는 대한민국 사람 세상이라는데
전태일들이 김용균들이 죽어요
택배 노동자들이 죽어요
일하다가 멀쩡한 사람 꽃들이 져요
매일 일곱 명이나 일터에서
집에 돌아가지 못하고 죽어요

작업발판, 안전난간, 추락방지망이 없는
일터에서 사람 꽃들이 일하다가
떨어져, 끼여, 부딪혀, 깔려, 무너져 죽어요
위험작업에 '2인1조' 규칙 안 지킨 회사 때문에
혼자 일하다 죽어요

사람 목숨보다 방호 장비가 더 값진가요

일 년에 2,400여 명 일하다가 죽은

목숨 위에 쌓은 돈 탑이
여기저기 하늘을 찌르는 도시

안전한 일터에서 일하면서
행복하고 희망을 품는 일이
정녕 꿈속에서만의 일인가요

일하다가 죽지 않을 권리를 뺏지 말아요
여기는 사람 세상 대한민국이잖아요

단식

안전장치 없는 위험한 산업현장에서
참혹하게 자식을 잃어버린 어머니가
더는 세상 자식들을 죽게 할 수 없다고
엄동설한에 국회 본관 앞 길바닥에서
28일째 단식 농성

"중대재해기업처벌법을 제정하라"

안전장치 없이 일 시키는
기업 총수나 소규모 사업장 사장에 대한
명확한 처벌 규정 없이는
매년
2천여 명 노동자들 죽음의 행렬
10만여 명 부상자들
막을 수 없다고
이미 자식 잃은 부모들이

남의 자식들의 안전한 일터를 위하여
목숨 걸고 단식 농성
응원하는 사람들도 함께 단식

따뜻한 방안에서 하루 세끼 밥 다 먹고
내 새끼만 챙기며 사는 나는
염치없고 미안해서 하늘 볼 수 없어라

2020년 5월 미국 민주주의
—숨을 쉴 수 없다

미국 미네소타주 미니애폴리스 2020년 5월 25일 밤, 담뱃값으로 받은 20달러짜리 지폐가 위조지폐로 의심된다는 신고를 받고 출동한 경찰관 4명이 무기가 없고 아무런 저항도 하지 않는 흑인 남성 조지 플로이드를 체포해 등 뒤로 두 손에 수갑 채운 후 경찰차 바퀴 옆 땅바닥에 엎어놓고, 백인 경찰 쇼빈이 목을 무릎으로 8분 46초 동안 찍어 눌렀다 흑인 조지 플로이드가 목 졸려 죽기 전 16번이나

"숨을 쉴 수 없다"

"나를 죽이지 말라"

"제발 제발"

하소연해도 무표정하게 계속 누르고 다른 경찰 동료 한 명은 등을 또 한 명은 발을 발로 누르고 나머지 한 명은 사람들 접근을 막기만 했다 행인들이

"그 남자도 사람이다"

"코피가 난다"

소리치며 말렸지만 마침내 흑인 용의자가 의식을 잃은 뒤

에도 구급차가 올 때까지 2분 53초 동안 목을 계속 눌렀다

사건 직후 경찰은

"위조혐의 용의자로 의심되는 남성을 체포하는 과정에서 술에 취한 이 남성이 경찰에 물리적으로 저항해 등 뒤로 수갑 채웠고 그가 의료 고통을 호소해 구급차를 불러 병원으로 옮겼으나 곧 숨졌다"

는 성명을 발표했으나 몇 시간 뒤 페이스북에는 행인이 찍은 10분짜리 생생한 동영상이 올라왔다

굶주린 사람 꽃들의 절규
— 대구 시월항쟁

광복의 날 태극기 흔들며 대한민국 만세를 외치던 한겨레는 꽃이 되었다 사람 꽃이었다 사람 위에 사람 없고 사람 아래 사람 없는 모든 사람이 빛이 되어 서로의 빛을 우러르고 나누며 아끼고 사는 백성이 주인인 나라 남북 통일국가를 꿈꾸었다 희망했다

곧이어 들어선 미군정은 일 년도 안 되어 실패하여 친일 경찰과 친일파만 여전히 득세하고, 쌀값은 폭등하다가 시장에서 쌀이 사라졌다 여기저기 굶어 죽는 사람들! 굶주린 사람들! 설상가상으로 콜레라에다 물난리까지 덮쳐 흉년인데 미군정의 보리 수집과 경찰의 강제 공출로 얼마 안 되는 식량마저 빼앗겨 허기진 농민들! 참다못한 대구 시민들이 1946년 10월 1일 미군정에

"배고파 못 살겠다 식량을 배급하라"

구호를 외치며 도심으로 몰려들자 경찰이 총을 쏘아 한 명이 사망, 다음 날 성난 군중들이 사과를 요구하며 책임자 처

벌을 요구하자 계엄령을 선포, 시위는 들불처럼 전국으로 퍼졌으나
미군정과 경찰의 무자비한 진압으로 많은 사람 꽃들이 꺾이고 무참하게 쓰러졌다

그날 억울하게 끌려가 죽은 사람 꽃들은 해마다 들꽃으로 피어
"모든 사람에게 굶어 죽지 않을 권리를"
소리 없이 외쳐대 한겨레의 가슴을 울리고 울린다

5부
불타는 화살나무

하루하루가 선물이다

아침에 눈을 뜨면
새날을 볼 수 있음이 기쁘다
나이 팔십이 가까워지자
찾아오는 하루하루가
실로 가슴 벅찬 선물이다
황송하고 감사하여
두 손 모아 절하며 받든다
창문에 와서 내가 깨어나기를 기다린
먼동 트는 새벽하늘은
아니 폭풍이나 비를 몰고 온
아침 하늘조차도
반갑고 반갑다
살아서 볼 수 있는
오늘은
얼마나 간절하고 소중하며
거룩한 축복인가

흰 소띠 새해 새 아침에

지난해 8월 홍수로 섬진강이 범람하여
소들이 둥둥 떠내려가다
농가 지붕 위에 올라 이틀이나 버텼는데
그중 암소 한 마리가
충격으로 시름시름 앓으면서도
흰 소띠 새해가 오기 삼 일 전
쌍둥이 송아지를 낳았다

육이오전쟁 때 다섯 자식 품느라
못 먹고 온갖 고생에 시달리던
가냘픈 어머니는
한겨울 아기를 낳고 미역국도 못 든 채
아기 젖 물리면서 환한 미소 머금었다

죽음을 이기고 돌아와
갓 나은 쌍둥이 새끼에게 젖 물리는
어미 소의 순한 얼굴에
어머니의 얼굴 떠올라 눈물 나다

전주역

내 고향 전주역 승강장엔 언제나
대학 입학을 위해 처음 고향 떠나는
나를 배웅하는 젊은 어머니가 서 있다
설렘과 두려움이 뒤척이는 마음 숨기고
의연한 척 웃고 있는 나의 등을
말없이 쓰다듬고 또 쓰다듬으며
꽃샘바람에 옷고름과 치마폭을 펄럭이는
매화 같은 어머니
기차가 도착하자 재빨리 짐을
좌석 위 선반에 올려주고 내려가
차창 아래서 눈물을 글썽이던 어머니
기차가 아득히 사라지도록
발길 못 돌리고 장승처럼 서 있던 어머니
어머니의 가슴에 출렁이던 소리 없는 말들
또렷이 들려와 나를 울리는
전주역 승강장엔

나를 보내면서 이내 나를 기다리는

어머니가

늘 나의 지표로 서 있다

보고 싶다

소녀적 이른 아침 다락방 창문을 열면
냇물 건너편 둑에
내가 나타나기를 기다리고 있는
소년
서로 멀리서 바라만 봤어도
바람과 시냇물에 실어
소리 없이 주고받던
설레는 말들
학교에 늦을까 봐 곧 창문을 닫으며
꽃이 되던 나

그 소년은
아침 햇살이었을까
꿈이었을까 희망이었을까

'보고 싶다'

한마디만 쓰고는 못 부친 편지를 품고
구름 따라 발이 부르트도록 걷던 길

이제 하얀 머리칼 흩날리면서도
아직도 편지를 품고 떠도는 것은
'보고 싶다'
단 한마디 말의 힘이리라

피뢰침 위 까마귀

연일 겨울비 내리는 아침
18층 아파트 지붕 위에 세워진
긴 피뢰침 꼭대기에서
까마귀 한 마리
세상을 바라보고 있다
벌레들이 숨어버린
풀씨마저 드문
한겨울이 걱정인가
아니 당장 아침밥이 근심인가
봄날을, 떠난 새끼를 그리는가
산불 나 도망친 고향 산이
때아닌 비로 불 꺼졌겠지
안심하는가
조각처럼 동쪽만을 응시하던
까마귀가 갑자기
날개를 활짝 펴고 하강하며

서쪽으로 사라진다

피뢰침만 쓸쓸히 비를 맞는다

원앙새 가족을 기다린다

작년 가을 우리 집 근처 냇가 덤불에
처음 나타난 원앙새 가족이
한 달여쯤 나를 홀리다가
홀연히 사라져 못내 섭섭했는데
올가을 지난해 왔던 같은 자리에 또 왔다
작년에 새끼였던 원앙새가 어른이 되어
새끼들을 데리고 추억을 찾아왔나
원앙새들은 작년이나 마찬가지로
어린 새끼들을 보호하기 위해서인지
청둥오리, 가마우지, 백로가 떠다니는
냇물 가운데로 가지 않고
덤불 옆 물가에서만 옹기종기 모여
헤엄치며 먹이를 찾거나 바위에서 쉰다
엄마 아빠 새끼들이 서로 쳐다보며
가까이서 맴도는 모습에
내 어린 시절 부모님과 형제들

아기들을 품고 있던 내 젊은 날

떠올리며 행복에 젖었는데

원앙새 가족이 다시 사라졌다

내년 가을이나 올지 모를

원앙새 가족을

나는 벌써 겨울 냇가를 서성이며 기다린다

내 흩어진 가족이

한데 모이는 날을 꿈꾸듯이

봄 동산 눈물 변주

돌아온 꽃이 님 같아서
돌아온 새싹이 님 같아서
반갑고 기뻐서
흐르는 눈물 달아라

뻐꾸기가 임을 부르는 동산에서
종일 목이 쉬도록 님을 불러도
끝내 기척 없어
흐르는 눈물 시어라

님과 함께 품었던 봄 동산은
여전히 어여쁘고 향기로운데
님은 지금 어디 있는가
사무쳐 불러도 대답 없어
야속하고 화가 나
흐르는 눈물 짜디짜라

달빛 서린 님의 목소리

겨울 한밤 천 리 밖 바닷가에서 온
보름달과 파도 소리
달빛 서린 님의 목소리

아프지 마요 힘내요
언제나 거기 있어
내가 보내는
밤바다, 달, 파도를 안아줘요
내 가슴에 일렁이는
달빛에 젖어요
파도의 노래 들어요

겨울 한밤 먼 바닷가에서 온
달, 파도 소리, 님의 목소리에
늙고 아픈 내가
화들짝
동백꽃이 되다

이웃의 일용할 양식을 위해서

"고모! 제 일용할 양식뿐 아니라
이웃의 일용할 양식을 위해서도
더 열심히 일하겠습니다"
어느 대기업 노동조합 중견 간부에
당선된 조카가 내게 보낸 메일이
나를 치다

내 가족의 일용할 양식만을
위해서 살아온 나
육이오전쟁 때 일용할 양식이 없어
막막한 길에서 휘청거리던
내 어릴 적 모습 까맣게 잊은 나
코로나19 세계적 대유행으로
일억 오천 명이던 굶주린 사람이
이억 오천 명으로 늘어났다는데

가뭄에 먼지 뒤집어쓴 채
비실대는 풀잎이
말라비틀어지는 꽃봉오리가
자꾸만 눈을 찌르는 긴 긴 날

가족의 빛

외국에서 교수직에 종사하는 아들이
겨울방학이 되어
몇 번씩 코로나19 검사를 받으며
자가격리 무릅쓰고
코로나19 전쟁터를 뚫고
부모 보러왔다

아들이 집에 들어서자
창문마다 해가 떠
성에가 사라지고
처마 끝 고드름 녹아내려
환한 하늘엔 아지랑이 어른대
겨울 깊던 집에 느닷없이
봄이 왔다

등대가 그립다

밤바다에서 길 잃은 밤배
등대를 그리다

캄캄한 바다에서
정박할 항구로 가는 길을 밝혀주고
용기를 주며 희망을 속삭이던
등대는 어디에 있는가

칠흑의 바다에서 길 잃어
거센 파도에
휩쓸릴 듯 휩쓸릴 듯
아슬아슬한 배는 애타게
등대를 부른다

불붙은 화살나무에 빠져

가을이 깊다
화살나무가 활활 불타며
우주를 삼키고 있다
눈부시다 황홀하다

가을 깊은 나는 어느덧
불붙은 화살나무에 빠졌으나
불붙지 못하고 여전히
말라비틀어진 호박 줄기다

겨울이 오기 전 나도
한순간만이라도
화들짝 불타고 싶어라

겨울의 입구에서조차
불타는 화살나무이던

그 사람

찬바람에 맞서가며

허공에 불씨 날려

영원히 세상 울리는

시를 새기던 그 사람

불타는 화살나무야

가을 깊은 나에게

불 좀 붙여다오

⁑ 해설

시대적 절망에서 새 소망의 길 찾기
— 차옥혜 시집 『호밀의 노래』에 붙여

김종회(문학평론가, 전 경희대 교수)

1. 지금 여기에 이른 차옥혜 시인

차옥혜는 1945년 전주 태생이다. 어렸을 때부터 문재文才가 뛰어나서 주목을 받았고, 여러 차례의 다양한 수상 경력을 보였다. 경희대 영문과에서 수학했으며 부군을 따라 2년간 독일에서 해외 체류 기간을 보냈다. 귀국 후 지천명의 나이로 동국대 문화예술대학원에 입학하여 체계적이고 학술적인 시 창작 공부를 했다. 이 모든 생애의 절목節目들은, 궁극적으로 그를 시인의 길로 인도하고 좋은 시를 생산하게 하는 원동력이 되었다. 그는 출국 직전 남편이 가스 폭발 사고를 당했을 때, '독립된 인격으로 세상에 설 수 있어야 한다'는 자각과 함께 일상에서 매몰되었던 자아를 되찾으며 글을 쓰기 시작했다. 자기 문학의 출발점과 그 문맥을 선명하게 기억하고 있는 경우다.

차옥혜는 1984년 《한국문학》 신인상을 통해 문단에 나왔고, 1986년 첫 시집 『깊고 먼 그 이름』 이래 지금까지 모두 13권의 시집을 상재했다. 38년 세월에 시집 13권이면 참으로 신실하게 시작詩作 활동을 수행한 시인이다. 그의 시는 자신의 내면을 반사하는 거울이자 인생 행로의 나침반이었으며, 침식寢食에 동행하고 희비애락을 공유하는 오랜 길벗이었다. 시인은 자신의 시를 두고 '말의 순례'라는 표현을 사용한 적이 있다. 이제 칠순 중반을 넘긴 시인의 생애에 있어, 시를 제외하고 본다면 다른 보람들조차 일제히 빛을 잃을 것이다. 그렇기에 우리는 그의 시를 값있게 읽고 시와 더불어 헤쳐온 그의 유난한 삶에 경의를 표한다. 하나의 대상에 몰두하는 이의 실루엣은 아름답다. 항차 그것이 비유와 상징과 압축의 문면文面으로 드러나는 시인일 바에야 더 말할 것이 없다.

시집이 많은 만큼 거기에 담긴 시가 많고 또 시 세계도 다양 다기할 수밖에 없는 것이 차옥혜 문학의 정황이다. 그의 시를 뒤따르는 많은 평설이 있어 온 것도 당연한 이치다. 이 글이 그렇게 많은 글의 하나가 아니라, 진정으로 차옥혜의 시를 이해하고 공감하는 뜻 있는 시 읽기가 되기를 바라는 연유로, 정성을 다해 반복적으로 살펴보았다. 그러자니 점진적으로 적층積層되어 가는 세월의 연륜이 보였다. 후기로 오면서 더욱 유장해지고 부드러우며, 세상을 관찰하는 시각이

한결 깊어짐을 느낄 수 있었다. 그렇다. 그래서 세상살이의 전 과정을 두고 지속적으로 시를 쓰는 일이 긴요함을 확인할 수 있었던 것이다. 어느 누군들 그렇지 않으랴만, 그의 시는 무엇과도 비견할 수 없이 뚜렷한 그 인생사의 족적足跡이었다.

차옥혜의 시를 평한 논자들은 우선 그의 시가 '순수한 영혼의 노래'라는 데 공감한다. 그럴 것이다. 시인은 시집 『숲 거울』에서 기발한 시적 개념을 내세워 다음과 같이 썼다. "어려서부터 나무와 풀을 좋아한 나는 오래전부터 작고 작은 숲 하나 낳아 길렀다. 그런데 어느 때부터인가 그 숲이 오히려 나를 기르기 시작했다. 숲은 나에게 때로는 어머니, 스승, 친구, 애인, 자식이 되어주기도 하고 나와 나의 세계를 환히 비추어주기도 한다." 비단 숲만 그러할 리 없다. 시집 『씨앗의 노래』에는 다음과 같은 자서自序가 있다. "이처럼 끝없는 순환으로 영원히 산과 들을 푸르게 하는 것이 식물뿐이랴. 동물이나 사람에게도 죽음을 뛰어넘어 거듭 새 세상을 끌어오는 영원한 생명의 빛인 씨앗의 노래가 있다."

이 시집을 읽은 문학평론가 이경수 교수는 "차옥혜의 시는 따뜻하고 섬세하고 단단한 언어로 치유의 노래를 들려준다. 찬란한 생명을 틔울 씨앗처럼 목숨을 살리는 시를 쓰고자 하므로 차옥혜는 어머니의 마음이자 농부의 마음으로 시를 쓴다"고 평가했다. 이 교수는 여기에 "시를 읽으면 조수초목鳥

獸草木의 이름을 알 수 있다"고, 시의 효용성을 가르친 공자孔子를 소환했다. 이와 같은 인용문들이 말하는 것은, 차옥혜의 시가 생명을 사랑하는 근본주의적 심성에서 출발한다는 사실이다. 더불어 사람과 사물을 폭넓게 바라보는 유연한 시선으로, 작고 소박하고 소중한 것을 그냥 스쳐 지나가지 않는다는 특징적 성격을 환기한다. 자, 이제 그의 시 속으로 발걸음을 옮길 차례다.

2. '호밀'이 상징하는 생명의 노래

시집의 서두 「시인의 말」에서, 시인은 '코로나19 감염병'과 '기후 재앙'을 탄식하며 '내 영혼의 꽃밭에 핀 꽃' 곧 자신의 시가 이 시대적 사태에 '눈물과 아픔'으로 반응함을 언표言表한다. 시인의 잘못이 아니지만 그것을 가장 절박하게 받아들이고 있는 것이다. 그러기에 시인이다. 이 엄혹한 형국에 시인의 눈길을 사로잡은 것이 '호밀'이다. 이 이름이 등장하면, 무슨 추억처럼 어릴 때 읽은 제롬 데이비드 셀린저의 『호밀밭의 파수꾼』이 떠오른다. 그런데 이제 와 돌이켜보면, 열여섯 살의 홀든 콜필드가 보여주던 성장기의 불안정한 삶은 차라리 목가적이었다. 21세기로 접어든 지 스물두 해가 지난 지금, 온 세상이 재난의 물결에 잠겨 있다.

'여름 참깨를 추수하고 난 가을밭'에 호밀을 심은 시인은, 겨울 지나 봄이 오자 '황홀한 초록빛'으로 출렁이는 호밀을 만난다. 호밀은 이삭을 맺는다. 기대하지 않았던 선물처럼, 시인에게 찾아온 호밀의 사계四季가 '초록 사람들'의 힘을 환기하고, 시인으로 하여금 새로운 생명에의 꿈을 발양하게 한다. 이 시집의 1부에 실린 시들은 그러한 만남과 관찰, 의지와 회복에 관한 노래다. 시인이 심은 호밀은 봄날의 파종이 아니라 가을걷이가 끝난 밭에 심은 늦은 농사다. 그러기에 서슬 푸른 '눈 감옥'의 한겨울을 지나야 한다. '미세한 푸른 핏줄로 서로서로 깨워 온기 나누며' 지키고 있던 호밀이, 이윽고 만유 소생의 봄을 맞는다.

봄이다
샛바람 분다
살았다 견뎌내었다 이겼다

가을에 눈떠 멋모르고 우쭐대다
폭설에 덮여 얼음에 갇혀 죽음과 싸우며
혹독한 겨울을 통과한 자만이 느끼는
환희의 깊이와 높이를
봄날에 싹터 꽃샘추위에 벌벌 떠는 새순이
매화, 산수유, 수선화가
어찌 헤아릴 수 있으랴

겨우내 떨며 움츠리고 얼면서도
끝내 푸른빛 잃지 않은 작은 몸이
신기하고 대견하며 자랑스러워
제 이름 부르며 소리 없이 운다
제 어여쁨 소리죽여 노래한다
괜찮아 괜찮아 그래도 좋아
봄날의 특권 아니냐
스스로 다독이며 힘 모은다

—「봄 호밀」 부분

시인은 '혹독한 겨울을 통과한 자만이 느끼는 환희의 깊이와 높이'를 봄 호밀에서 발견한다. 그는 '봄날에 싹터 꽃샘추위에 벌벌 떠는 새순'이나 '매화, 산수유, 수선화'가 그 환희를 헤아릴 수 없다고 단정적으로 말한다. 그의 호밀은 '제 이름을 부르며 소리 없이 운다.' 시인은 이를 '봄날의 특권'이라 명명한다. 이렇게 봄 호밀은 소망所望의 상징이다. 소망은 희망과 어감이 비슷하나 의미는 다르다. 목표가 분명한 희망이 소망이다. 성경에서는 소망이라는 어휘를 쓰지 희망은 쓰지 않는다. 시인의 주의 깊고 성실한 관찰은 사월 초의 호밀, 이삭 맺은 호밀을 거쳐 풋거름에 이르는 호밀로 그 생장生長의 단계를 따라 이동한다.

지구가 더워진 탓에 빨리 이삭 맺자
농부는 풋거름 깔아 밭을 쉬게 해
내년부터 풍작 거두려고
우리 호밀밭을
이제 막 4월 하순에 접어들었는데
서둘러 예초기로 잘라 눕혔다
잘 익은 씨앗으로 영생하려던
우리의 꿈이 깨져버렸다
그러나 우리는 절망하지 않는다
삶이 어디 뜻대로만 되든가
희망의 끈으로 마음 칭칭 감아
몸은 쓰러졌어도 마음 꼿꼿이 세워
비 맞고 햇빛에 삭아 푹푹 잘 썩어
내년에 뿌려질 어떤 씨앗에든 스며들어
세세연년 세상 푸르게 하리라
뭇 생명 먹이고 살리리라

생명의 순환 열차를 타고
희망이 밀고 가는 세계 지구

암, 나는, 우리는 영원히 꿈을 꾸며
언제나 희망에 사는 호밀 풋거름

—「풋거름이 된 호밀」 전문

아하! 그런데 이 무슨 처참한 일! 호밀은 열매를 맺었는데 농부는 '내년부터 풍작'을 바라고 호밀밭을 예초기로 잘라 눕혔다. 인동忍冬의 모진 세월을 이겨온 호밀도 속수무책이다. 그러나 여기서도 시인은 소망의 끈을 놓지 않는다. 만해 한용운이 「알 수 없어요」에서 노래한 것처럼 '타고 남은 재가 다시 기름이 되는' 그 순환의 원리, 황순원이 「탈」에서 보여준 생명 순환의 이치를 시인은 믿고 있는 듯하다. 멸절의 호밀밭이 다시 싱싱한 푸른 생명으로 되살아나듯, 찾아보기로 하면 예쁜 새싹과 꽃과 잎새들이 천지에 널려 있다. 초록 생명과 그 어머니가 되는 '흙에 대한 예의'는, 차옥혜가 생명의 한 개체이자 그것을 노래하는 시인으로서 역동적으로 살게 하는 힘이다. 윤오영의 수필 「양잠설」은 양잠가에게서 문장론을 배웠는데, 차옥혜의 호밀 시편은 그에게 인생론을 가르쳤다.

3. 환경 파괴와 감염병에의 대응

누구에게나 청춘의 젊은 날이 있다. 그때는 삶의 전방 지점만 바라보며 좌고우면하지 않고 달려간다. 그러나 연륜의 경과와 더불어 생애 전반을 관조적인 시각으로 바라볼 때가 오면, 어느덧 우리의 구경究竟을 형성하게 한 주위의 환경을 성찰하게 된다. 이 시집의 2부에서 차옥혜가 끊임없는 탐

색의 눈길과 절절한 탄식으로 제시하는 시편들은, 바로 그와 같은 시적 언어로 구성되고 채워져 있다. 우리가 살고 있는 이 지구는 어느 나라 어느 누구의 전유물이 아니다. 동시에 지구는 모든 나라 모든 사람의 것이다. 지구의 기후와 환경 문제에 대한 인식은, 그러므로 모두의 책임이며 누구든지 이를 보살펴야 할 의무로부터 자유로울 수가 없다.

광대한 내 품 안 무수한 자식 중에서
가장 생명이 넘치고 아름답던
지구가 지르는 비명
어처구니없는 지구의 아수라장

가물어 불타는 숲과 마을
말라버린 호수와 냇물 바닥에
악어, 물고기, 짐승 떼의 백골들
홍수 져 물에 잠긴 도시, 폭설에 묻힌 도시
빙하 녹아 바다에 잠겨가는 나라

코로나19 감염병 2년 넘도록 세계를 휩쓸어
변이바이러스 거듭 생기고 돌파 감염 확산으로
무수한 사람들 시달리며 죽고

토네이도, 지진으로 박살 난 마을
무너진 건물더미에 깔려 울부짖는 사람들

화산 터져 용암과 화산재에 쫓기는 사람들
화산재 덮어쓴 마을과 들

—「지구의 어머니 우주의 탄식」 부분

광대무변한 우주가 바라보는 지구는 '가장 생명이 넘치고 아름답던' 별이다. 그런데 그 지구가, 지구의 환경이 멸망의 길을 걷고 있다. '어머니 우주'의 시각에 의하면 안타깝기 이를 데 없을 뿐만 아니라, 그 회생의 대책을 찾을 수도 없다. '아비규환 지구를 살릴 열쇠를 가진 자도 지구 사람들 자신뿐'인데, 이들에게서 개전改悛의 정情이나 그 기미를 찾기가 어렵다. 이러한 환경의 질곡을 탁월한 시적 정황으로 풀어낸 비유가 '탄광 속 카나리아'다. 카나리아는 일산화탄소가 차서 숨 막히는 갱도 밖으로 나가기를 원하지만 아무리 몸부림쳐도 살길이 안 보인다(「카나리아가 운다」). 사정이 비슷하기는 한라산 정상의 돌매화나무도 그렇다(「돌매화나무」). 이 자학적이며 자살적인 인류의 환경 파괴는 마침내 오늘날 코로나19 감염병의 재앙을 가져온다.

구로동 코로나19 감염자 콜센터 직원은 인천에서 출근
하며 몸이 아파도 결근 못 하고 업무량이 많아 화장실도
제때 못 가며 일해도 생활비가 모자라 퇴근 후 녹즙을 배달

코로나19 사회적 거리두기로 음식점, 옷가게, 노점상들이 문을 닫고, 평소보다 두 배로 많아진 물량에 시달리던 한 택배기사는 엘리베이터 없는 5층 빌라 계단을 오르고 내리다 쓰러져 영영 눈 못 뜨고

공장 비행기 멈추고, 학교 호텔 등이 쉬자, 쏟아지는 실직자들

이른 새벽 며칠째 인력시장에 나왔다 허탕 치고 빈손으로 돌아가는 날품팔이 가장의 발걸음

낮은 곳부터 휩쓸고 가는 감염병 홍수

—「눈물전염 3 – 홍수」 전문

3부에 실린 '눈물 전염' 연작의 세 번째 시다. 이 시집의 3부는 이와 같이 코로나19 감염병에 대한 참상과 우려로 일관하고 있다. 사람도, 생활 상가도, 이동 수단도, 그리고 공공시설도 모두 손을 접고 속수무책으로 '낮은 곳부터 휩쓸고 가는 감염병 홍수'를 바라본다. 나라로 말하면 중국과 인도, 지역으로 말하면 대구와 서울동부구치소가 그렇고 심리적 상태로 말하면 절벽 앞에 선 것이다. "설날 요양병원의 어머니를 찾아온 50대 청소 노동자 아주머니는, 면회를 할 수 없어 건물 밖 땅바닥에 비닐돗자리를 깔고 건물 안 병실 보이지 않

는 어머니를 향해 세배"를 한다(「눈물전염5 – 절벽」). 참으로 '봄물 든 내 몸 그만 다시 겨울'이다(「눈물전염6 – 봄물 들었으나」). 이 처참한 팬데믹의 시대는 과연 끝이 있을까. 이를 두고 시인은 무엇이라 말해야 할까. 그 대답은 아마도 이 시집을 관통하여 다 읽은 다음에 얻을 수 있을 것 같다.

4. 시인의 숙명과 새 소망의 발현

일찍이 샤를 보들레르는 "시인은 주는 사람이다"라는 수사修辭를 남겼다. 시인이 다른 사람이나 동시대 또는 사회에 무엇인가를 공여한다는 것은, 그가 가진 정신세계의 중핵에 해당하는 무엇인가를 간접적인 방식으로 건넨다는 말이다. 우리의 시인 차옥혜가 지금까지 살펴본 바와 같이 세상살이의 온갖 곡절에 가슴 조이며, 그 여린 감성을 동원하여 온전한 향방을 제기한 것은 바로 이처럼 '주는 사람'의 책임에 충실한 사례다. 그런데 이 과정에 있어서 시인이 감당해야 하는 역할은 그야말로 형극荊棘의 노정路程 위에 있다. 시인의 몸과 마음은 세상의 모든 동통疼痛을 짊어진다. 그런데 그것이 시인의 사명이요 숙명일 수밖에 없다.

오른쪽 뒤 허벅지가 느닷없이 기막히게 아파서, 뼈 병원에서 다리와 척추 엑스레이 촬영해도 이상이 없어 진통 소염제 처방받아 먹었으나 통증은 점점 심해져 한밤 집안을 서성대는데 발바닥을 가시가 찌르는 것 같아 실내화를 들여다보고 양말을 뒤집어 봐도 아무것도 없어 아픈 발 딛고 집안일 하며 연휴 끝나 뼈 병원에 다시 가려던 전날 발바닥 우연히 만지니 우둘투둘 잡히는 것 있어 들여다보니 불그레한 발진들, 피부과 병원에서 대상포진으로 판명

애초 발바닥이 신호를 보냈는데도 나는 왜 거들떠보지도 않고 한사코 무시하며 허벅지와 장딴지만 감싸고 어루만졌을까? 평생 대접 못 받고 제일 밑바닥에서 아파도 걸으라면 걷고 변함없이 나를 떠받친 발바닥

이제야 나를 살아 있게 한 수고 많은 내 발바닥 들여다보며 미안해하다가 문득 세상 밑바닥에서 사람살이 떠받치는 분들 떠올린다 코로나19 감염병 대 유행으로 일선에서 봉사하는 공무원들 의료진들, 일 년 넘도록 세 어린 자녀들 못 보았다는 중환자실 간호사, 안전장치 없이 산업현장에서 일하다 죽거나 다친 노동자들, 지하 하수도 치우다 독가스로 질식한 분, 손발이 닳도록 사람들의 먹거리를 키우고 기르는 분들, 헤아릴 수 없는 발바닥의 수고와 눈물 없이는 나도 세상도 없음이여

이제라도 내 발바닥에 세상 발바닥에

꽃을 안겨야 하리
해를 달아줘야 하리

—「이제야 발바닥을 들여다보다」 전문

4부에 실려 있는 이 시의 시적 화자, 그간의 시적 유로流路를 보면 시인 자신일 시 분명한 화자는 '오른쪽 뒤 허벅지가 느닷없이 기막히게' 아프다. 알고 보니 발바닥 대상포진이다. '평생 대접 못 받고 제일 밑바닥에서' 화자를 떠받친 그 발바닥으로부터 고장이 왔다. 시인은 이제라도 '내 발바닥에 세상 발바닥에 꽃을 안기고 해를 달아 줘야' 한다고 깨우친다. 그렇다. 이것이 어찌 발바닥에만 국한된 문제일까. 우리 모두 정작 수고한 손길, 오랫동안 애쓴 발바닥을 잊어버리고 산다. 어쩌면 이와 같은 작은 아픔은 하나의 축복인지도 모른다. 나를 돌아보고 내가 속한 주변을 돌보며 반성의 기회를 얻을 수 있을 터이기에. 장미의 가시, 민들레 씨앗 같은 사소하고 보잘것없어 보이는 객관적 상관물들이 이윽고 한 시대의 절체절명한 사건들을 올곧게 볼 수 있는 안목을 길러주는 것이기에.

가을이 깊다
화살나무가 활활 불타며
우주를 삼키고 있다

눈부시다 황홀하다

가을 깊은 나는 어느덧
불붙은 화살나무에 빠졌으나
불붙지 못하고 여전히
말라비틀어진 호박 줄기다

겨울이 오기 전 나도
한순간만이라도
화들짝 불타고 싶어라

겨울의 입구에서조차
불타는 화살나무이던
그 사람
찬바람에 맞서가며
허공에 불씨 날려
영원히 세상 울리는
시를 새기던 그 사람

불타는 화살나무야
가을 깊은 나에게
불 좀 붙여다오

—「불붙은 화살나무에 빠져」 전문

전태일 열사나 대구 10월항쟁 같은 시국의 사건들이, 시인의 섬약한 가슴에 울혈이 되었다가 끈질긴 소망과 당당한 주의 주장으로 일어서는 데 차옥혜 시의 비의秘義가 있다. 예로 든 5부의 시 「불붙은 화살나무에 빠져」는 이와 같은 시인의 심사를 직접적으로 반영한다. 활활 불타며 우주를 삼키는 화살나무의 표상은 '불붙지 못하고 여전히 말라비틀어진 호박줄기' 같은 나를 불붙이고 일으켜 세울 것이다. 그렇게 그의 시들은 새롭게 내일을 예비한다. 이는 또한 현시점에서 내다보는 차옥혜 시의 지향점이기도 하다. 그것은 '하루하루가 실로 가슴 벅찬 선물'이 되는 날이다(「하루하루가 선물이다」). '아프지 마요 힘내요'라고 누군가가 전하는 속삭임이다(「달빛 서린 님의 목소리」). 만약 이러한 소망의 발굴에 이르지 못했다면, 차옥혜 시의 역정歷程은 강력한 반탄력을 얻지 못했을 것이다.

지금껏 우리가 차옥혜의 시를 논의하면서 주목하지 못하고 빠뜨린 대목이 있다. 그의 시가 가진 여리고 예민한 서정성, 그로부터 발현되는 퇴행 불가의 호소력이다. 거기에는 '꽃샘바람에 옷고름과 치마폭을 펄럭이는 매화 같은 어머니'가 있고(「전주역」), 어린 시절 '아침 햇살이었을까, 꿈이었을까, 희망이었을까'를 되뇌이게 하는 소년도 있다(「보고 싶다」). 그처럼 숱한 그리움과 기다림, 아픔과 슬픔을 견디는 동안 '용기를 주고 희망을 속삭이던 등대'처럼 그의 시는 늘

그의 곁에 머물러 있었다(「등대가 그립다」). 이 순정한 서정성은 연약해 보이지만 기실 가장 완강한 힘이다. 이러한 시적 진실과 더불어 소망 가운데서 세상을 부드럽고 아름답게 바라보는 관점이 오늘의 차옥혜 시인을 추동했다. 그리고 그 힘은 앞으로의 그를 수발秀拔하고 존중받는 시인의 자리로 이끌어 갈 것이다.

26

현대시학 기획시인선

호밀의 노래

초판 1쇄 발행 2022년 5월 30일

지은이 차옥혜
발행인 전기화
책임편집 서종현

발행처 현대시학사
등록일 1969년 1월 21일
등록번호 종로 라 00079호
주소 서울시 종로구 계동길 41
전화 02-701-2341
블로그 http://blog.daum.net/hdsh69
이메일 hdsh69@hanmail.net
배포처 (주)명문사 02-319-8663

ISBN 979-11-92079-21-9(03810)